DISCOURS
PRONONCÉS
DANS L'ACADÉMIE FRANÇOISE,

Le Jeudi XXV Janvier M. DCC. LXXXI,

A LA RÉCEPTION

DE M. LE MIERRE.

A PARIS,

Chez DEMONVILLE, Imprimeur-Libraire de l'Académie Françoise, rue Christine, aux Armes de Dombes.

M. DCC. LXXXI.

M. LE MIERRE, ayant été élu par Messieurs de l'Académie Françoise, à la place de M. l'Abbé BATTEUX, y vint prendre séance le Jeudi 25 Janvier 1781, & prononça le Discours qui suit.

MESSIEURS,

HONORÉ par vous d'un titre, l'objet des vœux de tous les Gens-de-Lettres, le but de leurs travaux & le garant de l'Immortalité, qu'il m'est doux d'avoir à parler en public, lorsque je sens que le devoir & le penchant se confondent pour rendre hommage à une Compagnie d'Hommes célèbres, qui m'associent à leur renommée & m'environnent de leur gloire!

Si quelque chofe peut ajouter à la fatisfaction dont je jouis, c'eft de me voir admis parmi vous, en même temps qu'un Guerrier éclairé, que fon amour pour les hautes Sciences plaça dès fa jeuneffe dans une des plus favantes Académies de l'Europe, & dont la plume élégante & facile, avouée par le goût, nous a montré l'accord des Armes & des Lettres. Je crois me voir dans ce jour couronner doublement, tant la joie femble faite pour être réciproque, quand les triomphes font communs.

Dans quel embarras cependant fe trouve néceffairement celui qui vient prendre place parmi vous! Montre-t'il trop de reconnoiffance de l'honneur qu'il reçoit? il publie votre indulgence, il affoiblit votre choix, il paroît avoir reçu une grâce plutôt qu'une récompenfe; il abdique, pour ainfi dire, la place dont il vient prendre poffeffion.

Laiffe-t'il entrevoir qu'il reçoit comme une dette la gloire d'une affociation fi flatteufe? il fe rend fufpect d'une vanité qu'on ne lui pardonne pas au milieu de fon triomphe; il indifpofe les efprits, en paroiffant fe couronner de fes propres mains; il fe trouve ainfi placé entre deux écueils, une préfomption révoltante, & une défiance déplacée.

Je l'avouerai pourtant, MESSIEURS; quand je me vois affocié à une Compagnie où les pertes ne doivent être que des échanges, & dont les membres ſont diſtingués par une ſupériorité de mérite individuelle, comme dans l'Italie la plupart des Villes reſſemblent par leur magnificence à autant de Capitales, j'ai beſoin de me rappeler l'infériorité de mes titres comparés aux vôtres, pour me défendre d'un mouvement de vanité. Je n'avois guère de liaiſons avec vous que par vos Ouvrages, par l'admiration qu'ils inſpirent, & les leçons que j'y ai puiſées. La place que vous m'accordez eſt d'autant plus flatteuſe pour moi, que ne l'ayant ſollicitée que par mes Ecrits, je ſerois preſque tenté de croire que je n'ai eu affaire qu'à des Juges.

Si je n'euſſe jamais dû prétendre à l'honneur de m'aſſeoir parmi vous, perſonne n'eût cherché plus que moi, dans votre ſociété privée, un dédommagement des avantages dont je jouirai déſormais dans votre ſociété Académique : mais toujours animé de l'ambition de mériter les honneurs des Lettres, j'ai penſé que, pour y parvenir, il ne falloit s'appuyer que de ſes travaux; qu'il étoit permis de ne vous connoître que par votre renommée, & que chercher à concilier vos voix autrement que par des efforts littéraires, c'étoit ſuſpendre vos ſuffrages, uſurper votre adoption, mendier la gloire, & dès-lors s'en rendre indigne.

J'ai donc ordonné ma vie pour la fin que je me propoſois ; & ce qui pouvoit paroître de ma part une indifférence repréhenſible, étoit en effet le plus grand hommage que je puſſe vous rendre. Je ne voulois tenir que de votre eſtime la place que j'ambitionnois, ſûr qu'avec des efforts ſuivis dans la carrière des Lettres, des liaiſons auſſi honorables que les vôtres ne pouvoient m'échapper.

Telle a été la conduite & le ſort de pluſieurs d'entre vous, que j'avois pris pour modèles. Il ſemble que vous ayiez différé quelquefois de les adopter, pour exciter en eux une nouvelle émulation, & dans la crainte qu'ils ne ſe repoſaſſent ſur la dernière palme qu'ils venoient de cueillir. Plus vous avez eſpéré des Ecrivains, plus vous avez cru être en droit de leur faire attendre leur récompenſe.

M. l'Abbé Batteux, déjà admis dans l'Académie des Inſcriptions & Belles-Lettres, s'étoit applani naturellement l'entrée de l'Académie Françoiſe, double honneur qu'il dut à ſes talens & à ſes veilles. On l'avoit vu remplir les fonctions d'Inſtituteur Public, dans ce Corps honoré, depuis Charlemagne, de la faveur de nos Rois ; qui, debout ſur les ruines de Rome & d'Athènes, communique après deux mille ans avec la Patrie de Démoſthène & celle de Virgile ; y naturaliſe la Jeuneſſe confiée à ſes ſoins ; alimente dans ſes Elèves, par d'heureuſes concurrences, le feu ſacré de l'émulation ; veille ſur leurs mœurs, comme ſur leurs études ; accélère le développement des eſprits ; les forme pour tous les états, & prépare les proſpérités de l'empire Littéraire.

Livré à l'étude des Anciens par un genre de fonctions qui avoit déterminé ſes goûts, M. l'Abbé Batteux ſentit qu'en matière de Philoſophie même, il falloit étudier ceux qui ont écrit les premiers, parce que leurs Ouvrages, quelles que puiſſent être leurs erreurs, ſont empreints d'un caractère original, & qu'ils ſont, en quelque ſorte, les vrais propriétaires de l'art de penſer. Il prit pour modèle Ariſtote dans l'art d'analyſer les idées ; & s'il tint quelquefois de la ſéchereſſe du Philoſophe Grec, il eut auſſi ſa méthode & ſa clarté. Son *Cours d'Etudes* reſpire une ſaine Littérature ; devenu, chez les Etrangers, un Livre Elémentaire pour les Colléges, il devoit ſuivre ſon Livre *des Beaux Arts réduits à un même principe*, le plus eſtimé de ſes Ouvrages, par la fineſſe des vues, & par la ſagacité avec laquelle il décompoſe la métaphyſique des Arts, & la ramène aux notions les plus ſimples & les plus lumineuſes.

S'il fut attaché aux beautés des Anciens, il ne le fut pas autant à leurs ſyſtêmes. Il fit voir dans l'*Hiſtoire des Cauſes premières*, avec quelle noble liberté il ſavoit s'affranchir de ces reſpects de tradition ſi long-temps prodigués à des chimères, & ne contribua pas peu à faire ſupprimer la Chaire où l'on expliquoit de ſang-froid ces doctes rêveries ; il fixa enſuite la Morale d'Epicure, Philoſophe répréhenſible dans ſes opinions plus que dans ſa conduite, & dont le célèbre Gaſſendi a réhabilité les mœurs.

Il joignit à ſes recherches & à ſon érudition une probité rigoureuſe & des vertus perſonnelles, qui influent plus qu'on ne penſe ſur les Productions des Ecrivains, & ſur-tout de ceux qui ſe dévouent à l'inſtruction de la Jeuneſſe. Devenu par l'étude ſon propre ouvrage, il n'eut d'autre ambition que celle d'un des Poëtes qu'il avoit traduits, de pouvoir cultiver tranquillement un coin de terre & les Muſes ; ſon caractère paiſible, plutôt que le genre de ſes travaux, le fit échapper à cette foule de Détracteurs qui s'attroupent en tumulte autour des réputations comme les inſectes autour de la lumière. Ce fut dans ſa Campagne & dans ſes derniers temps qu'il raſſembla les *Quatre Poétiques*, & qu'il parut rallumer, par une traduction du Poëme de Vida, un flambeau preſque éteint dans une Latinité moderne, qui n'avoit beſoin que d'être plus ancienne pour être plus eſtimée, ſemblable à ces Statues de Michel-Ange, qu'il mutila lui-même pour leur donner un air d'antiquité.

Ce

Ce fut dans ſes *Quatre Poétiques* réunies qu'il rencontra encore un des objets de ſes premières diſcuſſions dans ſon *Cours d'Etudes ;* je veux dire les règles de l'Art Dramatique, de ce genre haſardeux, où les revers ſont ſi fréquents, mais auſſi où la réputation ſe fait moins attendre ; qui raſſemble le Public, force les attentions de la multitude à ſe réunir ſur le même nom comme ſur le même objet; excite plus de ſenſations qu'aucun autre, parce qu'il les multiplie par la communication dans une Aſſemblée nombreuſe où les jugements ſont en maſſe, la cenſure par clameurs & les ſuffrages par exploſion.

C'eſt-là que le Poëte Dramatique doit apprendre quelle eſt la dignité de ſa vocation: c'eſt-là qu'il doit ſentir combien il tient dans ſa main le cœur des Spectateurs & la morale de tous les Etats ; combien il eſt maître & par conſéquent garant des impreſſions publiques & des actions qui en peuvent réſulter ; c'eſt-là qu'il doit marquer la prépondérance de la vertu, toujours ſimple, ſur l'éloquence artificieuſe qu'il eſt forcé de prêter aux paſſions dans les contraſtes qu'il préſente. Obligé de mettre ſur la ſcène des perſonnages élevés en dignité ſur les autres hommes, il doit faire entendre aux puiſſans un langage qui ſoit un démenti ſolemnel donné aux flatteurs, & faire du Théâtre un ſupplément ou plutôt un correctif à l'éducation des Grands : il doit se garder dans sa fable de laisser tomber un Héros dans des crimes réfléchis, les grandes ames pouvant être susceptibles de foiblesses ou de violences, mais jamais de tentations basses & honteuses ; épargner à la vertu cet outrage & ce découragement, de la montrer à la merci des événements & aux prises avec les remords ; éloigner des yeux du Spectateur ces horreurs gratuites trop étrangères à l'homme pour lui être offertes, ou trop révoltantes pour être supposées, qui ne peuvent avoir un contre-poids suffisant dans la correction théâtrale, quelle qu'elle soit, & dont le plus puissant préservatif est de les laisser ignorer. Assez heureux enfin pour être né chez un Peuple vaillant & sensible, il doit s'attacher à renforcer le caractère de la Nation en la montrant à elle-même, peindre les temps de son héroïsme pour les ramener, & pour toutes maximes lui présenter ses modèles.

C'est-là qu'après avoir vu quelles impressions il doit donner, il apprendra quelles leçons il peut recevoir ; c'est-là qu'il apprendra à connoître dans les principes de son Art les motifs de ces arrêts prononcés si haut par le Public, Juge irrécusable, dont le Tribunal est partout & n'est nulle part ; postérité présente & anticipée, qui met le prix aux Ouvrages & le sceau aux réputations ; immense composé de tous les individus, qui cependant est un; qui ne fait acception, ni des rangs, ni des personnes, ni des siècles; qu'on ne peut ni séparer, ni réunir, ni tromper, ni corrompre; qui peut errer en partie & par intervalles, mais ne tarde pas à appeler de lui à lui-même; qui se correspond sans se connoître & s'accorde sans se communiquer, ne vieillit ni ne meurt, change de têtes sans changer d'esprit, & se reproduit sans se succéder.

C'est ce Public qui déshérite de l'immortalité toutes ces vaines Idoles de Sociétés, pour ne consacrer que les noms des grands Hommes qui sont comme lui de tous les siècles & du même: c'est lui qui a éternisé la gloire de vos Prédécesseurs & de cette succession de talents non interrompue dans cette Compagnie que signalent tous les genres d'Eloquence, mais qui semble avoir été fondée pour l'honneur du Théâtre, puisque tout ce qu'elle eut de gloire à son origine, elle le dut à ce Créateur de la Scène Françoise, trouvé digne de partager avec son Souverain le surnom de *Grand;* puisque, semblable à ces fleuves majestueux dans leur cours & foibles à leur source, elle eût été peut-être en butte aux traits de la malignité, si le nom de Corneille, mêlé à des noms moins célèbres, n'eût épouvanté la censure, & forcé à respecter une Société, qui ne commença vraiment qu'à lui, & résida quelque temps en lui toute entière.

Après avoir été honorée de la protection du Ministre immortel qui la fonda, & dont j'affoiblirois l'éloge en le répétant; après avoir été soutenue par ce Chef de la Magistrature, que j'aime à nommer ici devant un de ses Descendants, non moins distingué par cette éloquence du Barreau qui honoroit plus l'Orateur Romain que la pourpre Consulaire & l'appareil des faisceaux; après avoir reçu un nouvel appui de ce Monarque sous qui les Arts se sont enrichis d'un quatrième siècle de gloire, & qui se délassoit des fatigues du Trône & de la pompe des Conquêtes, en admettant auprès de lui les Favoris des Muses: avec quelle sensibilité cette Compagnie ne se voit-elle pas sous la protection d'un jeune Souverain, qui marque tous les jours de son Règne par des bienfaits publics!

Que les François, idolâtres de leurs Rois, ne paroissent plus envier à une Nation rivale cet esprit public qui attache tous les intérêts à la cause commune, & qu'on a regardé long-temps comme le partage des Peuples libres. Il étoit réservé à Louis XVI, dans le soin qu'il prend de s'entourer de Ministres vertueux, de faire choix d'un Homme couronné dans cette Académie même, qui, animé du zèle du bien général comme ce fameux Colbert dont il a été le Panégyriste, sût concilier avec les intérêts de l'Autorité Royale les grands reſſorts du Patriotiſme, & faire germer les fruits de la Liberté dans le terrein de la Monarchie. Des Adminiſtrations établies dans pluſieurs Provinces, ont admis les Sujets à la confiance du Souverain : il ouvre les yeux du Peuple ſur les beſoins de la Patrie ; l'impôt rigoureux diſparoît, pour ne laiſſer voir que les contributions utiles. Ennemis de la France, énorgueilliſſez-vous de votre liberté, nous n'en ſommes point jaloux ; nous jouiſſons de tous les avantages qu'elle procure, ſans en connoître les orages.

Par une ſuite de la même ſageſſe portée ſur d'autres objets, notre jeune Monarque, d'un côté juſte appréciateur de ce qui conſtitue la Majeſté du Trône, a ſacrifié au bien de ſes Peuples la vaine dépenſe d'un faſte ſuperflu ; & de l'autre, après avoir, en aboliſſant la ſervitude, briſé les derniers anneaux de la chaîne féodale, veut que dans l'eſclavage des priſons, les victimes de l'inconduite ou du malheur ſoient ſéparées d'avec les artiſans des crimes.

Voix de la Philoſophie, tu réclamois depuis long-temps contre un uſage plus funeſte ! Eh bien ! Louis affranchit les Tribunaux du crime des Lois. Cet uſage étoit barbare, & ne ſera plus que rigoureux. Il ſera encore partie du ſupplice des ſcélérats, mais l'innocence ne courra plus riſque d'en être opprimée ;

il ne produira plus, il ſuivra ſeulement la conviction des crimes, pour arracher l'aveu des complicités : on ne verra plus la vie & l'honneur de l'accuſé dépendre de ſa conſtitution, la vérité ſoumiſe au calcul des forces phyſiques, les apparences du crime & de l'innocence tranſpoſées, la Juſtice outragée juſques dans ſon Sanctuaire, & l'indignation du Sage partagée entre les Juges & les coupables.

Mais, tandis que je rappelle les bienfaits de notre Monarque, les marques de deuil dont nous ſommes couverts, nous entretiennent ſans ceſſe d'une perte publique : atteinte déchirante pour la ſenſibilité de ſon auguſte Epouſe. Quelle Mère lui eſt enlevée! quelle Souveraine aux Peuples, & quel modèle aux Souverains!

O digne objet des regrets de l'Europe! permets que j'anticipe ici ſur l'hommage funèbre, qu'une voix plus éloquente que la mienne, prête à ſortir de cette Compagnie, va conſacrer à ta mémoire. Autre Eliſabeth d'Angleterre par tes vertus & par l'art de régner, autre Marguerite d'Anjou par tes malheurs & par ton courage, que n'entrepris-tu point comme elle pour un Fils, dès le berceau, l'objet de tes alarmes! Je crois voir cette ſcène héroïque & touchante où, ton Fils dans tes bras, tu courus le porter dans les rangs de ces Hongrois révoltés contre ta Maiſon ; où l'expreſſion de la Nature fit violence à leurs ſentimens & révolution dans leurs eſprits, les fit tomber à tes genoux, & dans un glorieux oubli de ton ſexe, te jurer ſur leurs ſabres nus de mourir pour leur Roi MARIE-THÉRÈSE !

S'il nous reſte quelque conſolation dans une ſi grande perte, elle eſt dans l'union de deux Maiſons puiſſantes, que les nœuds de notre Souverain avec notre auguſte Reine ont réconciliées ; union précieuſe, faite pour conſerver au moins quelque calme à l'Europe agitée.

Puiſſe l'eſprit philoſophique, puiſſent les lumières dont cette Compagnie eſt le centre, ſe répandre de ſon ſein dans tout l'Univers, amortir l'ambition des Princes, éteindre les haines Nationales, & diſpoſer les Rois à ne faire qu'une ſeule Famille & les Nations qu'un ſeul Peuple !

Réponse de M. l'Abbé Delille, Directeur de l'Académie Françoise, au Discours de M. Le Mierre.

Monsieur,

L'Académie répond ordinairement au Public du choix de ses Membres : aujourd'hui c'est le Public qui lui est garant du vôtre ; c'est lui qui a sollicité pour vous, & jamais sollicitation n'a été ni plus pressante ni plus honorable. Il est vrai que vous avez vous-même brigué son suffrage & sa faveur de la manière la plus puissante & la plus sure, par vos talents & vos Ouvrages.

Mais pourquoi faut-il que l'Académie ne puisse se féliciter d'une acquisition nouvelle, sans déplorer une perte ? Dans M. l'Abbé Batteux, elle regrette un Littérateur estimable, un Ecrivain élégant, un Dissertateur ingénieux, un Grammairien habile & un admirateur éclairé de l'Antiquité. C'est sans doute cette admiration qui lui fit tenter une Traduction d'Horace, à laquelle il attachoit peu d'importance.

tance. Il m'a dit plus d'une fois qu'il n'avoit voulu que faciliter l'intelligence de l'Auteur, sans avoir jamais prétendu en représenter la grâce, la force ou l'harmonie. Je dois en parler moins modestement que lui; la gloire de nos Confrères morts est doublement sacrée. D'ailleurs, si les Auteurs les plus difficiles à traduire sont ceux qui ont le plus éminemment le mérite du style, la supériorité d'Horace en ce genre est une excuse pour son Traducteur; nul Poëte n'a plus de grâce, & la grâce est plus intraduisible que la force. Elle est aussi difficile à saisir qu'à définir; elle n'a que des demi-mouvements, que des formes heureusement indécises: tout y est indiqué, rien n'y est prononcé. Eh! que ne risquent pas dans le transport d'une Langue à une autre, des beautés si délicates & si frêles!

Un autre mérite de ce Poëte non moins effrayant pour le Traducteur, ce sont ces expressions fécondes & hardies qui, rassemblant à la fois plusieurs sensations, intérieurement enrichies des idées accessoires qu'elles représentent, donnent au style un élancement & une célérité qu'il est difficile d'atteindre. Mais je parle de difficulté & non pas d'impossibilité: bien peu d'idiomes ont une beauté primitive & élémentaire; on peut dire des Langues ce que l'Orateur Romain disoit du Discours: Il n'y a pas de matière plus molle, plus obéiſſante; les uſages, les mœurs, les climats, les circonſtances, la façonnent de mille manières. Mais de toutes les impreſſions qu'elles reçoivent, celle du Génie eſt la plus puiſſante & la plus profonde; c'eſt lui qui les pénètre de ſa force, les empreint de ſon caractère, les embellit de ſon éclat, les épure, les transforme; & quand ce prodige eſt fait, ne dites pas: Voilà la Langue de ce Peuple, de cette Nation; dites: Voilà la Langue de ce Poëte, de cet Orateur. Je dirai plus; la Langue que je peignois tout-à-l'heure comme ſi docile & ſi ſouple, je pourrois, à d'autres égards, vous la peindre impérieuſe, exigeante. En effet, elle n'avoue parmi les Ecrivains que ceux qui lui apportent des tributs nouveaux, & elle déshérite, ſi j'oſe ainſi parler, ceux qui n'accroiſſent pas ſon héritage. Or, rien n'enrichit plus les Langues que leur commerce mutuel. Mais il en eſt de ce commerce comme de celui des Peuples; pour faciliter les échanges, il faut commencer par vaincre les préventions & les antipathies nationales.

Au reſte, ſi M. l'Abbé Batteux n'enrichit pas la Langue par ſes Traductions, il lui fit des préſens eſtimables dans les Ouvrages qu'il compoſa depuis lui-même. Il a donné ſur la Poëſie & l'Eloquence des préceptes dont les Arts doivent être reconnoissants : non que je pense que ces préceptes soient absolument nécessaires au génie ; les grandes méditations, les grands talents, les grands exemples, voilà la source des beaux Ouvrages. Il est une autre utilité des livres de préceptes, trop peu sentie peut-être ; c'est en répandant le goût & la connoissance des vraies beautés, de préparer aux bons Auteurs de bons Juges.

Plus heureux encore que cet Ancien dont le mot a été cité si souvent, M. l'Abbé Batteux pouvoit dire : Ce que j'ai dit, je l'ai fait. Il a pratiqué avec succès ce qu'il avoit enseigné avec goût. Chargé plus d'une fois de représenter l'Académie, on l'a entendu parler avec autant de mouvement qu'en comporte un discours qui n'a pas pour objet d'émouvoir une grande Assemblée, avec toute la clarté, toute la justesse d'un esprit droit & lumineux ; enfin, avec autant d'esprit que pouvoit s'en permettre un Disciple de l'Abbé d'Olivet, un ami de l'Antiquité, & enfin un ancien Professeur de cette Université célèbre à qui vous avez payé, Monsieur, le juste tribut d'une reconnoissance que je partage avec vous. On l'entendit sur-tout avec plaisir le jour qu'assis à cette même place il reçut le successeur du savant & infatigable Editeur de Cicéron ; il remplit avec intérêt dans cette circonstance la fonction douloureuſe d'un Directeur chargé de féliciter le ſucceſſeur de ſon ami ; ſa douleur n'ôta rien à la dignité du Repréſentant de l'Académie, & celle-ci ne diminua rien de l'expreſſion de ſes regrets. Hélas ! par une combinaiſon d'événemens bien remarquable, ce nouvel Académicien reçu par M. l'Abbé Batteux, c'étoit M. l'Abbé de Condillac, dont la mort funeſte & prématurée a ſuivi de ſi près la ſienne, & deſtiné à être remplacé dans l'Académie le même jour que celui qui l'y avoit introduit.

Mais ne mêlons point enſemble les regrets de ces deux pertes, & livrons-nous du moins au plaiſir de voir la première ſi avantageuſement réparée. Plus d'un Ouvrage, Monsieur, vous a mérité la place que vous occupez.

Parmi ces Ouvrages, permettez que je diſtingue d'abord ceux qui ont attiré ſur vous les premiers regards de l'Académie, & qui lui ſont en quelque ſorte perſonnels : elle ſe ſouvient avec plaiſir de vous avoir vu au rang des Athlètes diſputer & remporter ſes Prix ; & dès-lors il étoit aiſé de prévoir que vous ſeriez un jour au rang de ſes Juges.

Des joûtes Académiques vous avez paſſé aux joûtes plus brillantes du Théâtre ; & je conçois l'attrait qui a dû vous y entraîner. Le Théâtre en effet eſt le véritable empire de la gloire Littéraire. Dans les autres genres les ſuffrages ſont épars, ſouvent perdus pour l'Auteur; il n'entend pas toute ſa renommée, & les rayons de la gloire ne viennent que ſucceſſivement & lentement ſe réunir enfin ſur ſon front. Mais au Théâtre, c'eſt au milieu des acclamations, des cris de l'ivreſſe, dans le lieu même de ſon ſuccès, &, ſi j'oſe m'exprimer ainſi, dans le champ de la victoire, que l'Auteur reçoit ſa palme & ſa couronne de l'élite brillante de la Nation aſſemblée. Cette ſenſation de gloire qui doit aller profondément à l'ame, vous l'avez éprouvée, Monsieur, plus d'une fois. Des Tragédies pleines de la connoiſſance des effets du Théâtre, vous ont donné parmi vos rivaux un rang diſtingué. Dans le choix de quelques-uns de vos ſujets, vous avez intéreſſé aux ſuccès de vos Tragédies ce Sexe dont la ſenſibilité, plus facile à émouvoir, eſt pourtant ſi flatteuſe. C'eſt ſous ſa protection que vous ſemblez avoir mis *Hypermeneſtre* & *la Veuve du Malabar*. Dans l'une, il vous a ſu gré d'un Héroïſme qui l'honore; dans l'autre, il vous a ſu plus de gré peut-être encore de l'Héroïſme qui ſe dévoue pour lui: mais des ſituations intéreſſantes, une marche rapide, voilà ce qui a le plus efficacement protégé ces deux Pièces.

Si l'Envie vous objectoit qu'une partie de leur ſuccès eſt due aux effets du Théâtre & du jeu des Acteurs, vous pourriez lui répondre qu'il y a un vrai mérite à prévoir ces effets ; & le Public accourant en foule à ces Pièces achevera la réponſe, ou plutôt rendra toute réponſe inutile : car dans ce genre les critiques ſont obſcures & paſſagères, la réfutation eſt éclatante & durable.

Dans les intervalles de vos ſuccès au Théâtre, vous vous êtes exercé dans le genre Didactique. Vous avez fait comme ces Peintres qui, après avoir dans des Tableaux d'Hiſtoire déployé de grands caractères & l'expreſſion touchante des paſſions, deſcendent quelquefois à des Tableaux de genre, qui ne valent que par la beauté de l'exécution & la vérité des détails. Cette comparaiſon, MONSIEUR, rappelle de plus d'une manière votre eſtimable *Poëme de la Peinture*, moins connu de cette partie du Public qui ne ſupporte guères des Vers qu'au Théâtre, mais eſtimé des véritables Connoiſſeurs. S'il eſt vrai, comme l'a dit Horace, que la Peinture & la Poëſie ſont ſœurs, jamais ſujet ne fut plus heureuſement choiſi, & votre Poëme a reſſerré l'antique alliance & la fraternité de ces deux Arts.

Un autre ſujet moins heureux peut-être en effet, mais plus fécond en apparence, eſt venu rire à votre imagination avec tous les charmes de la variété & l'intérêt d'un Poëme National ; vous avez mis en Vers les usages & les coutumes de votre pays. Ovide vous en avoit donné l'exemple & l'idée ; mais combien son sujet lui offroit de ressources dont vous avez été privé ! Notre Religion vénérable & sainte repousse la fiction ; leur Culte abondoit en mensonges riants. Plusieurs de leurs usages avoient été choisis chez ces Grecs si polis & si ingénieux ; plusieurs des nôtres sont nés chez des Peuples barbares. Nos usages manquent sur-tout d'un but politique ; les leurs étoient une seconde Législation, qui gouvernoit le Peuple par les sens. Ces Cérémonies imposantes & religieuses qui accompagnoient les Traités de paix & les Déclarations de guerre, l'ouverture & la clôture solemnelle de l'année ; ces Bacchanales pleines de la joie tumultueuse du Dieu qu'elles célébroient ; ces jours privilégiés des Saturnales, où la servitude rejetoit avec transport des fers qu'elle devoit trop tôt reprendre ; ces fêtes riantes de Cérès & de Flore, la pompe majestueuse des triomphes, la magnifique absurdité des apothéoses ; enfin, toutes ces solemnités, tantôt champêtres, d'un Peuple agriculteur, tantôt militaires, d'un Peuple conquérant ; & dans les derniers temps, toutes les richesses des Nations vaincues prodiguées dans ces fêtes des Souverains du monde, quel plus riche & plus magnifique ſujet ?

On ne m'accuſera pas d'exagérer ; & comment exagérer quand on parle de Rome ? & encore je n'ai rien dit de la beauté du climat, qui les diſpenſoit d'enfermer dans des priſons l'allégreſſe publique ; de ces Spectacles ſuperbes étalés en plein air, & dont un ſoleil pur & un beau ciel auroient pu faire l'ornement & la décoration.

Vous n'aviez aucune de ces richeſſes, MONSIEUR ; comme François je l'avoue à regret ; mais ſi l'on ne ſent pas dans votre Poëme l'inſpiration d'un ſujet heureux, on y reconnoît ſouvent celle du talent, & toujours celle de l'amour de la Patrie, pour qui, vous le ſavez, MONSIEUR, comme il n'eſt point de climats affreux, il n'eſt pas de coutumes barbares. D'ailleurs, aux beautés nationales & locales vous avez ſubſtitué des peintures intéreſſantes en tout temps & en tout lieu, les grands ſpectacles de la Nature, les phénomènes des ſaiſons. En parcourant les campagnes que vous peignez avec intérêt, vous ſaiſiſſez, vous conſacrez les traces de la bienfaiſance touchante qui va ſurprendre l'indigence ſous le chaume (1) ; & dans la peinture que

(1) Alluſion à un Epiſode du *Poëme des Faſtes.*

vous

vous en faites, le Public a reconnu avec plaisir les traits de la Personne (1) auguste qui honore cette Assemblée de sa présence, & dont je n'aurois osé blesser la modestie, si l'éloge que vous avez fait de son cœur ne faisoit celui de vos talents.

Dans les éloges que vous êtes condamné à entendre de moi, je ne suis que l'écho des Gens-de-Lettres : ce sont eux encore qui reconnoissent dans vos beaux Vers un caractère original, & sur-tout une heureuse rapidité, qualité si rare & si essentielle à la Poësie, qui doit toujours s'élancer & jamais s'appesantir. Telle qu'elle nous représente ces Divinités fabuleuses, qui, dans leur marche aérienne & légère, sembloient ne point toucher la terre; telle elle doit être elle-même; ou si vous me permettez une comparaison qui vous soit moins étrangère, j'appliquerai à la Poësie en général, & à la vôtre en particulier, ce Vers charmant de votre *Poëme des Fastes* :

Même quand l'oiseau marche, on sent qu'il a des aîles.

A vos titres Littéraires, vous en avez joint de plus intéressants encore; ce sont vos qualités personnelles, ces vertus domestiques qui restent cachées tant que le talent demeure obscur, mais que la réputation Littéraire éclaire tout-à-coup & décèle au Public; qui réfléchissent sur les talents je ne sais

(1) Madame la Duchesse de Chartres.

quel éclat plus doux; préparent plus ſûrement les triomphes, les font chérir même à la Rivalité & pardonner même à l'Envie.

On a aimé dans vous juſqu'à cette franchiſe d'un Ecrivain de bonne foi, qui, ſans bleſſer la vanité des autres, leur laiſſe appercevoir le ſentiment qu'il a de ſes propres forces; franchiſe bien ſupérieure à cet amour-propre timide & honteux, qui, craignant de ſe laiſſer pénétrer, garde un dépit ſecret à quiconque ne vient pas au-devant de lui, & ne le diſpenſe pas de ſortir de ſon adroite obſcurité.

Cette manière de penſer & de ſentir vient de ſe montrer encore dans le beau Diſcours que nous venons d'entendre. Comme Homme-de-Lettres, vous y avez parlé avec nobleſſe de vous-même; comme ami de l'humanité, vous y avez parlé avec intérêt & avec attendriſſement de la perte qui vient d'affliger toute l'Europe. Permettez que je joigne mes regrets aux vôtres; votre triomphe n'en peut être obſcurci ni attriſté. La douleur qu'inſpire la mort des grands Hommes, & Marie-Thérèse en fut un, eſt toujours mêlée de quelque choſe de conſolant. Au ſentiment de leur perte ſe joint celui de leur gloire. C'eſt du milieu de cette nuit de deuil que ſe lève l'aurore de leur immortalité. Les François, d'ailleurs, ont un motif particulier de conſolation; nos yeux, après s'être repoſés avec attendriſſement ſur le tombeau de Marie-Thérèse, se reportent avec plaisir sur ce Trône où sa plus noble & sa plus fidelle image brille des grâces réunies de la jeunesse, de la beauté & de la bienfaisance. Un Membre de cette Compagnie (1), également distingué par son rang & par ses qualités personnelles, a porté avec noblesse & avec dignité aux piés de ce Trône le tribut de nos regrets ; une voix éloquente, sortie de cette même Académie, va bientôt, aux piés des Autels, rendre à ces Mânes augustes un hommage plus solemnel. Entre ces deux éloges, s'il en étoit un qu'on pût placer avantageusement, ce seroit ces paroles mémorables d'un Roi qu'on reconnoîtra aisément : » Elle fut, » écrivoit-il, la gloire du Trône & de son Sexe ; je » lui ai fait la guerre, mais je n'ai jamais été son » ennemi «.

Ce peu de mots sur une grande Reine, écrits par un grand Roi à un Philosophe célèbre, & si intéressants à recueillir parce que c'est faire l'éloge de tous trois, ne seront pas sans doute la moins éloquentes des oraisons funèbres de l'Impératrice-Reine.

(1) M. le Prince de Beauvau.

OUVRAGES NOUVEAUX,

Qui se trouvent chez le même Libraire.

Le Microscope moderne pour débrouiller la Nature par le filtre d'un nouvel alambic chymique, orné de Planches & d'une grande Carte, gr. in-8°. *Prix, broché*, 9 liv.

Essai sur les Réformes à faire dans notre Législation criminelle, in-12. *Prix, broché*, 2 liv. 8 sols.

www.ingramcontent.com/pod-product-compliance
Ingram Content Group UK Ltd.
Pitfield, Milton Keynes, MK11 3LW, UK
UKHW012126240726
13965UKWH00005B/2009

9 782013 055529